Pferde naturgemäß halten, erziehen und trainieren

Das Pferdebuch für mehr Freude am Reiten und eine enge Bindung zu Ihrem Pferd – inkl. Gesundheits Ratgeber, Natural Horsemanship, Bodenarbeit, Longieren, Clickertraining und Pferdespiele

Paula Meyerhoff

INHALT

Worum es gehen wird

In diesem Ratgeber möchte ich Ihnen einen Einblick in die Haltung, die Erziehung und das Training mit dem Partner Pferd geben. Dabei wird der Faktor des naturgemäßen Umgangs im Vordergrund stehen. Vermittelt wird das theoretische Basiswissen mit entsprechenden Anregungen zur Praxis. Unterdessen werden Themen wie die Kommunikation zwischen Mensch und Pferd und die artgerechte Haltung angeschnitten. Neulinge auf dem Gebiet „Reiten" bekommen einen ausgiebigen Einblick in die Denkweise der Vierbeiner und das reiterliche „Know-how".

Aber auch für erfahrene Reiter, die mit ihrem Pferd schon in die Richtung der Turniere gehen, ist von Abwechslung durch einen Tapetenwechsel im Training bis zu Dressurlektionen alles dabei.

Für die Arbeit mit jungen Pferden wird die Thematik der Erziehung ausgiebig behandelt.

Wie „richtig" oder „falsch" geritten wird, schreibe ich nicht vor. Dieser Ratgeber ist lediglich eine Empfehlung zu einem artgerechten Umgang mit dem Pferd. Ich möchte vermitteln, wie man Pferde fördern kann, ohne sie zu etwas Unnatürlichen zu zwingen, und wie man sich neben dem Reiten mit ihnen beschäftigen kann.

Das übergeordnete Ziel soll bei allen Themen die Freude am Reiten und die Harmonie mit dem Partner Pferd sein.

Das Pferd als Tier verstehen

Um mit Pferden arbeiten zu können, muss man sie erst einmal verstehen. Sie sprechen zwar nicht unsere Sprache, doch drücken sie sich sehr deutlich aus. Früher ging man davon aus, dass Pferde einem Reiz-Reaktions-Schema folgen, doch merkte man schnell, dass sie sehr wohl fähig sind zu denken, und das sehr individuell tun. Auf das Gedachte können wir Menschen reagieren, wenn wir das Verhalten eines Pferdes nur richtig interpretieren. Verstehen kann man sie, indem man sich ihnen grundsätzlich annimmt.

Pferde sind Fluchttiere und deshalb jederzeit aufmerksam sowie neugierig, wenn sie sich nicht in einem sicheren Umfeld oder der Herde befinden. Sie bemerken es sofort, wenn eine Situation brenzlig werden könnte. Oft erscheint dies amüsant, wenn es sich beispielsweise nur um einen Ast handelt, der auf der Straße liegt. Doch aus allem, was ungewohnt erscheint, könnte eine Gefahr entstehen. Mit diesem Vorwissen können Situationen im Vorfeld gemildert und auch gemieden werden, indem wir uns in die Sichtweise des Pferdes hinein-versetzen.

Ihr Gemüt zeigen Pferde durch Laute, Berührungen und Veränderungen in der Körperhaltung. Anhand der Stellung der Ohren ist deutlich zu erkennen, wie sich ein Pferd fühlt oder wo seine Aufmerksamkeit ist. Doch auch in den Augen des Pferdes kann man, wie in denen des Menschen, sehen, in welchem Gemütszustand es sich befindet.

Beobachtet man Pferde in einer Herde, so kann ziemlich schnell festgelegt werden, wer das Alphatier und wer die „Underdogs", also rangniedrige Tiere, sind. In einer Pferdeherde wird häufig um die Rangordnung gekämpft. Dabei geht es jedoch nicht nur um die Frage, wer mehr Kraft hat. Pferde achten auch auf Verhaltenserfahrungen und soziale Kompetenz. Für

Menschen, die mit Pferden arbeiten wollen, ist das Wissen um die Rangordnung äußerst wichtig, denn auch bei Menschen testen Pferde den Rang und dies kann im Ernstfall zu gefährlichen Situationen führen. Deshalb sollte man immer darauf achten, wie man auf ein Pferd wirkt.

Pferde wollen auch nicht zwanghaft der Chef sein. Selbst, wenn eine ranghohe Position attraktiv ist, suchen sie oft Sicherheit und Schutz bei Artgenossen ebenso wie Menschen. Legt sich ein Pferd beispielsweise in der Gegenwart eines Menschen hin, ist das ein großer Vertrauensbeweis, denn es fühlt sich dann sicher genug, um die Beobachtung des Umfelds ab-zugeben und sich „angreifbar" zu machen.

Eine natürliche und gesunde Haltungsgrund-lage

In der Haltungsform sollten jegliche Bedürfnisse des Pferdes respektiert werden. Für die physische, aber auch psychische Gesundheit brauchen sie Licht, Luft, Artgenossen und Bewegung. Pferde sind Lauftiere und bewegen sich in der Natur bis zu 16 Stunden am Tag. Deshalb sollte die Haltungsform vor allem Bewegung zulassen. Ein Pferd den ganzen Tag in einer Box stehen zu lassen, ist zwar praktisch, weil es jederzeit verfügbar, einfach zu füttern und meist sauber ist, doch ist es Tierquälerei. Deshalb muss bei der klassischen Boxenhaltung genügend Koppelgang mit einer Chance zum sozialen Kontakt mit den „Kumpeln" gewährleistet werden.

Ist ein Pferd zu wenig bewegt, spiegelt sich die Langeweile recht schnell in Unarten wie Koppen und Weben wider. Beim Koppen setzt das Tier die Zähne auf einen waagerechten Gegenstand, spannt die Unterhalsmuskulatur an und zieht Luft in die Speiseröhre, wodurch ein rülpsendes Geräusch entsteht. Weben macht sich dadurch be-merkbar, dass die Tiere von einem Vorderbein auf das andere pendeln und dabei die Beine auseinanderspreizen. Meist wird dabei der Kopf mitgeschwenkt oder nach oben gestreckt. Beide Verhaltensstörungen sind physisch nicht großartig gesundheitsschädlich, doch zeigen sie uns, dass sie psychisch belastet sind.

Um die Boxenhaltung so angenehm wie möglich zu gestalten, ist zu raten, die Box ebenfalls an die Bedürfnisse anzupassen. Bei möglich viel Licht, Luft und Bewegungsraum, idealer-weise sogar angrenzendem Paddock, wird die Boxenhaltung schon artgerechter.

Vor allem die Größe der Box sollte je nach Körpermaß angemessen sein.

In einem Lauf- oder Offenstall fühlen sich Pferde am wohlsten. Sie können sich ausreichend bewegen und haben vor allem Kontakt mit ihren Artgenossen.

DIE FÜTTERUNG

Neben ausreichend Auslauf gehört auch eine ausgewogene Fütterung zur artgerechten Haltung. Das bedeutet nicht, dass nur das Futter am besten ist, das am teuersten oder das ‚Exquisiteste‘ ist.

Mit dem richtigen Wissen über den Körperbau, die an das Pferd gestellten Anforderungen und die Verdauung hat man eine gute Grundlage, um das richtige Futter für ein Pferd zusammenzustellen. Für Pferde mit gesundheitlichen Problemen oder Sportpferde ist es empfehlenswert, sich professionell beraten zu lassen. Die Basis einer ausgewogenen Fütterung bilden Stroh, Heu, Silage (durch Gärung konserviertes Grünfutter) oder Gras. Sie liefern Ballaststoffe, die schädliche Substanzen aus dem Verdauungssystem entfernen, dieses generell unterstützen und den Darm reinigen. Vom sogenannten Raufutter sollte ein Pferd pro Tag ca. 1,5 kg Raufutter pro 100 kg Gewicht bekommen. Bei einem

700 kg schweren Tier beispiels-weise wären das 10,5 kg an Heu, Gras etc. pro Tag.

Zusätzlich zum Raufutter kann, je nachdem, wie sehr ein Pferd im Training steht, Kraftfutter gefüttert werden. Wenn das Pferd also nicht ausreichend Energie durch das Raufutter erhält, kann es durch verschiedene Müslis oder Pellets ergänzt werden. Diese enthalten viel Getreide, Öl, Vitamine, Mineralstoffe und Spurenelemente, wie Selen oder Zink. Sportpferde bekommen meist zusätzlich Hafer. Seit Jahrzehnten ist er der Energielieferant, auf den jeder zählt, und Pferde lieben ihn. Durch Öle, zum Beispiel aus Leinsamen gewonnen, kann die Ausdauer eines Pferdes unterstützt werden. Rennpferde bekommen meist zusätzlich Mineralfutter, das viel Eisen, Selen und Kupfer enthält, damit sie ausreichend in der Stoffversorgung unterstützt werden. Für Stuten, die ihre Fohlen säugen, gibt es spezielles Mischfutter, das reich an Eiweiß ist, um sie ausreichend zu versorgen.

Werden Fohlen von der Muttermilch entwöhnt, benötigen auch sie mehr Eiweiß, das ihnen zu gefüttert werden muss.

Durch Brot, Möhren, Äpfel, Bananen und Ähnliches kann Abwechslung in die Fütterung gebracht werden. Doch dabei ist Vorsicht geboten: Der Zucker und die im Brot vorhandene Hefe sind im Übermaß schädlich, weshalb alles nur in geringen Mengen verfüttert werden sollte.

Der Pferdemagen ist klein. Daher ist zu beachten, dass alles in kleinen Mengen regelmäßig über den Tag verteilt gefüttert wird und nicht alles auf einmal. Ideal ist es, wenn Pferdetags-über auf einer Koppel grasen können, so ist neben dem Kraftfutter schon ein großer Teil des Raufutters abgedeckt.

DIE GESUNDHEIT – DAS A UND O

Für Pferde muss man große Verantwortung tragen. Im Besonderen, wenn es um die Gesundheit der Vierbeiner geht. Vor allem das alltägliche Putzen dient der Gesunderhaltung. Dabei wird das Pferd nicht nur gepflegt, sondern auch auf Zecken, kleine Wunden oder zu warme Stellen untersucht. Dadurch können schlimme Krankheiten verhindert werden, die zum Beispiel durch Zecken übertragen werden können. Gerade nachdem ein Pferd auf der Koppel war oder durch hohes Gras gegangen ist, sollte man es einmal gründlich auf Zecken absuchen. Bemerkt man während des Putzens eine offene Wunde, so ist diese vorab behutsam zu reinigen. Anschließend kann eine antiseptische (desinfizierende) Salbe, beispielsweise Jod-Salbe, aufgetragen werden. Werden warme Stellen wahrgenommen, sollten diese unbedingt beobachtet werden. Schwillt die Stelle dann beispielsweise an, kann das ein Zeichen für einen Sehnenschaden sein. Ein Tierarzt sollte die Stelle unbedingt untersuchen.

Viele Besitzer haben Angst, dass sie eventuelle Symptome übersehen und nicht rechtzeitig entsprechend handeln. Deshalb ist es wichtig, dass man sich über die gängigsten Krankheits-symptome, deren Folgen und die Behandlung informiert.

GIFTPFLANZEN

Um eine Vergiftung zu vermeiden, ist die regelmäßige Kontrolle der Koppel wichtig. Dort können immer wieder Pflanzen wachsen, die dem Pferd schaden. Unter anderem gehören dazu der **Blaue und Rote Eisenhut**, die beide leicht durch ihre knallige Farbe und die Hutförmige Blütenform zu erkennen sind. Die **Eibe** ist eine der giftigsten Pflanzen für Pferde. Es handelt sich um einen Nadelbaum, der häufig auch in Buschform zu finden ist. Im Frühjahr ist er gut an den runden roten Früchten zu erkennen. Ein weiteres Beispiel ist das **Jakobskreuzkraut**, das sehr oft auf Wiesen zu finden ist. Es ist ca. 30 bis 100 cm hoch und auf den länglichen Stängeln sitzen ungefähr 2 cm große Blüten, an denen um die 13 gelbe Blätter sitzen. Darüber hinaus sind der **Bergahorn**, das **Johanniskraut**, die **Scheinakazie**, der **Buchsbaum** und viele **Deko-Pflanzen und -Blumen** für die Vierbeiner giftig.

Eine Vergiftung durch Pflanzen kann sofort oder auch erst nach Tagen und Wochen auftreten. Typische Symptome sind Schwitzen, Atemprobleme, Zittern, Schaum am Maul, Durch-fall und Kolik.

DIE KOLIK – ALARMSTUFE ROT

Eine Kolik ist wohl das, wovor sich die meisten Reiter fürchten, denn diese Erkrankung kann zur Entscheidung über Leben und Tod führen. Der Begriff Kolik ist ein Sammelbegriff für jede Art von Schmerzen im Bauchraum des Pferdes. In den meisten Fällen ist eine Kolik die Folge eines Darmkrampfes. Dieser tritt durch Störungen im Darm auf. Bei einer Störung nimmt die Darmbewegung zu und andere Teile verkrampfen sich so sehr, bis der Darm nicht mehr arbeitet. Das Pferd kann somit nicht mehr äppeln und der Darm verstopft sich. Auf diese Art und Weise können verschiedene Arten einer Kolik entstehen. Ein Beispiel wäre die

Anschoppungskolik. Sie tritt ein, wenn wir falsch füttern. Zu viel Getreide und Zucker, zu wenig Raufutter oder auch einfach zu viel auf einmal schaden dem Darm und führen zur Ver-stopfung.

Bei einer Blähungs- oder Gaskolik ist ebenfalls das Futter der Auslöser. Eintreten wird diese, wenn Pferde beispielsweise im Frühjahr nicht langsam angeweidet werden und von jetzt auf gleich frisches Gras fressen. Junges Gras ist sehr Zucker- und Eiweiß-lastig. Fressen Pferde bei dem ersten Gang auf grüner Wiese davon zu viel auf einmal, führt dies zu Störungen des bakteriellen Gleichgewichts, da so viele Nährstoffe gar nicht schnell genug verwertet werden können. Es entsteht Gas, das dann den Darm ausdehnt, weil es nicht austreten kann.

Die wohl schlimmste Art der Kolik entsteht dann, wenn sich der Darm verknotet. Dabei wird die Blutversorgung unterbrochen, wodurch das Gewebe absterben kann. Bekommt das Pferd nicht schnell genug eine Operation, ist es verloren.

Leichtere Formen der Kolik werden nicht gleich operiert, oft reicht eine Behandlung durch den Tierarzt im Stall aus. Diesen sollte man sofort rufen, wenn man folgende Symptome wahrnimmt: Unruhe, Teilnahmslosigkeit, wiederholter Blick zum Bauch sowie das

Treten nach dem Bauch, wälzen, mehrfaches Hinlegen und wieder aufstehen, langes Liegen zu ungewöhnlichen Zeiten und eine unruhige Atmung. Hat man den Verdacht auf eine Kolik, ist sofort der Tierarzt zu kontaktieren. Bis dieser eintrifft, ist es wichtig, dass man schon Erste Hilfe leistet, indem man die PAT-Werte (Puls, Atmung, Temperatur) abnimmt. Im Normalfall sind es 28 bis 40 Pulse und 8 bis 16 Atemzüge pro Minute sowie eine Körpertemperatur zwischen 37,5 bis 38,3 Grad Celsius.

Es ist wichtig, jegliche Futteraufnahme zu unterbinden. Am besten bewegt man das Pferd vom Boden aus in einer Halle, sodass es jederzeit die Möglichkeit hat, sich zu wälzen. Bleibt das Pferd liegen, dann sollte es zum Aufstehen motiviert werden. Nur, wenn der Puls bei 60 und höher liegt, ist nicht zur Bewegung zu raten, weil dies zu einem Kollaps führen kann. Grundsätzlich ist Ruhe zu bewahren und auf das Verhalten des Pferdes zu achten, bis der Tierarzt kommt.

DER TIERARZT-CHECK

Pflegen und halten wir Pferde mit Sorgfalt und artgerecht, ist das mehr als die halbe Miete zur

Aufrechterhaltung der Gesundheit. Einige Untersuchungen des Tierarztes sind jedoch ratsam.

Generell sollte schon beim Kauf eines Pferdes eine Ankaufsuntersuchung durchgeführt wer-den. Wie beim Auto gibt es auch für die Vierbeiner nämlich einen TÜV, der einmal alles durchcheckt. Eine Ankaufsuntersuchung ist praktisch ein kleiner TÜV. Was alles genau untersucht wird, legt der Käufer fest. Es sollen gravierende Erkrankungen oder Verletzungen festgestellt werden. Im kleinen TÜV wird vorab eine Überprüfung von Haut und Fell, ein Ab-hören von Herz und Lunge und eine Abnahme von Puls, Atemfrequenz und Temperatur durchgeführt. Anschließend werden die Augen, das Atmungs- und Nervensystem, Herz, Maul und die Pferdeäpfel auf Unstimmigkeiten untersucht. Auch der Bewegungsapparat wird geprüft. Durch ein Abtasten wird der Rücken gecheckt und durch Dehnen die Beine inspiziert. In dem man das Pferd vortraben lässt, kann vom Tierarzt festgestellt werden, ob das Tier ohne Probleme und Schmerzen läuft. Nach der Bewegungsbelastung werden wiederholt Puls und Atmung kontrolliert, um eventuellen Husten oder Differenzen der Atmungsgeräusche zu diagnostizieren.

Es ist auch ratsam, ein Blutbild machen zu lassen, sollte man den Verkäufer nicht kennen. So kann aufgedeckt werden, ob dem Tier Schmerzmittel oder andere Medikamente eingeflößt wurden.

Beim großen TÜV werden neben den oben genannten kleinen Untersuchungen noch Röntgenbilder gemacht. Standardmäßig beinhaltet dies 10 Aufnahmen der Beine, um sich die Hufe, Fesseln und Sprunggelenke genauer anzuschauen. Je nachdem, welche Unarten man von dem zum Verkauf stehenden Pferd schon gesehen hat, sollten im Zusammenhang stehende Bereiche ebenfalls geröntgt werden. Mit den Ergebnissen der Untersuchung erstellt der Tierarzt ein Protokoll, in dem verschiedene Befund-Klassen gelistet sind. Ein Befund be-deutet auch nicht gleich, dass das Pferd krank ist. Entsprechend der Klasse sollten die Abweichungen bei Routine-Besuchen weiter beobachtet und eventuelle Behandlungen durchgeführt werden.

Um ein Pferd vor den gängigsten Infektionskrankheiten zu immunisieren, sollten gewisse Impfungen erfolgen. Welche Impfung verabreicht wird, wann und wie oft geimpft wird, hängt von dem Tier ab. Fohlen sollten erst nach ihrem fünften Lebensmonat geimpft werden, da sie die Stoffe, die für eine Impfung nötig sind, noch nicht produzieren. In dieser Zeit ist es durch Abwehrstoffe, die in der Muttermilch enthalten sind, passiv immun. Die Haltungsform, Vor-gaben von Zuchtverbänden und der Verwendungszweck des Pferdes bestimmen ebenfalls, was und wie geimpft wird. Grundsätzlich wird gegen Tetanus (Wundstarrkrampf), Pferdes-taupe (Entzündung der Arterien), Pferde-Influenza (Grippe-Erkrankung) und auch gegen den kürzlich aufgetretenen Herpes-Virus (Schädigung der Nerven) geimpft.

Am wirkungsvollsten sind Impfungen, wenn der ganze Bestand eines Stalles zeitgleich geimpft wird. Genau wie die Wurmkur, die das Pferd von eventuell eingenisteten Würmern, die es beim Weidegang aufnimmt, befreit. Sie erfüllt ihren Zweck nicht, wenn sie nicht alle Pferde eines Stalles gleichzeitig verabreicht bekommen.

Die Erziehung

Es gibt Vieles, das Pferde erlernen sollten, damit der Umgang mit ihnen ohne Gefahren funktioniert. Mit ihren Artgenossen gehen Pferde gern auch mal grob um. Das Zwicken und Schubsen gehört zum Herdenleben dazu. Doch für Menschen kann das verspielte Stänkern gefährlich werden, schließlich sind die Tiere um einiges größer und kräftiger. Pferde sind aufgeschlossene Tiere, die uns in ihr Sozialverhalten einbeziehen. Sie müssen lernen, wo die Unterschiede zu ihren Artgenossen liegen. Deshalb sollte gutes Benehmen schon im Fohlen-alter gelehrt werden. Dazu gehört nicht nur, Respekt zu erarbeiten, sondern auch, Vertrauen aufzubauen. Schon als Fohlen sollten sich Pferde überall anfassen lassen.

Wie wir Menschen haben aber auch sie Stellen, an denen es kitzelt. Sie sollten lernen, dass es nicht gleich bedeutet, dass sie „zurückkitzeln" müssen, sondern Berührungen zu dulden. Dadurch vereinfacht man auch dem Tierarzt oder Hufschmied die Arbeit.

Man sollte zu jeder Zeit seine Position in der Rangordnung deutlich machen, denn Pferde testen immer wieder gern, wo sie stehen. Erkennen kann man dies an Schnappen, Schubsen und Drängeln. Oft erscheinen Verhaltensweisen, wie den Menschen zu schubsen oder sich an ihm zu schubbern, auch als „süß", doch sieht das Pferd den Mensch in solchen Momenten als rangniedrigeres Tier an. Das Verhalten sollte also immer genau analysiert wer-den. Kleine Machtspiele gehören zwar dazu, doch darauf sollte dann jederzeit konsequent reagiert werden.

Ein kräftiges „Nein" oder Ähnliches reicht meist schon aus. Wenn nicht, dann sollte man deutlich lauter werden. Wird immer noch nicht reagiert, kann eine drohende Geste, ein Zupfen am Führstrick oder ein kleiner Klaps helfen. Reagiert das Tier und unter-lässt die Unart, sollte es gelobt werden. Oft reicht schon unsere Körperhaltung aus, indem man ruhig, aber deutlich und selbstbewusste auftritt, damit ein Pferd gar nicht erst so oft testet.

Auf jegliche Situationen sollte kontrolliert und mit Gelassenheit reagiert werden. Stress hindert nur am Lernen. Auch sollte man Tiere nicht überfordern. Es geht schnell, dass sie vor allem gedanklich geschafft sind und erst mal eine Auszeit zum Bearbeiten neuer Eindrücke benötigen. Zeitlich sollte man Trainingseinheiten also nicht nur an das Pferd, sondern auch an den Inhalt anpassen.

Eine wichtige Übung in der Erziehung ist das Stillstehen. Da Pferde Lauftiere sind, fällt vielen das Stillstehen schwer. Doch gerade das ist die Grundlage dafür, dass viele Übungen und alltägliche Aufgaben ohne Probleme ablaufen. Beim Tierarzt oder Hufschmied, beim Putzen, Satteln oder dem Aufsteigen braucht es ein stillstehendes Pferd. Das Kommando „Steh!" sollte also schon von klein auf ausgiebig gelehrt werden. Sei es beim Führen, Anbinden oder Scharren, das Stillstehen sollte zu etwas Selbstverständlichem werden. Das Üben beim Anbinden bietet sich besonders an, wenn neben dem Pferd ein weiteres steht, das schon ruhig stehen kann. Beim Üben während des Führens ist darauf zu achten, dass das Pferd auch versteht, auf welcher Position es sich zu befinden hat. Dessen Schulter sollte sich in der Nähe von der des Menschen befinden. Hat ein Pferd das einmal verstanden, merken sie meist von allein, wann sie zu schnell oder zu langsam laufen, beziehungsweise wann sie zu halten haben. Die korrekte Position beim Führen hat auch etwas damit zu tun, wer in dem Moment der Chef ist. Läuft das Pferd zu weit vorn, kann der Mensch gar nicht mehr einwirken. Bei alltäglichen Gängen heißt es also auch: Aufmerksam und konsequent bleiben! Vor allem bei jungen Tieren.

Zur Erziehung gehört dann auch, dass in einem bestimmten Alter Trense und Sattel an- und aufgelegt werden können. Von Natur aus kennen Pferde diese Gegenstände nicht und wollen sie meist schnellstmöglich wieder loswerden. Deshalb werden beim Erziehen Verständnis und Geduld großgeschrieben. Wenn etwas nicht auf Anhieb funktioniert oder das Pferd nicht reagiert, wie in den Büchern geschrieben, ist das nicht der Weltuntergang. Jedes Pferd reagiert unterschiedlich und braucht länger oder weniger lang, um etwas zu erlernen oder sich abzugewöhnen.

Pferde sind zwar Fluchttiere aber trotzdem neugierig. Haben sie vor etwas Angst oder fliehen sogar, sollte man es ihnen ermöglichen, sich den gefürchteten Gegenstand genauer anzuschauen, dadurch lernen Pferde schnell. Übt man die Konfrontation mit ungewöhnlichen Ge-genständen wie beispielsweise Flatterbändern, Regenschirmen oder Plastikplanen oft, so verringert sich auch die generelle Scheu vor unbekannten Dingen. Bei besonders ängstlichen Pferden hilft es meist oft, wenn ein erfahrenes Pferd vorausgeht und zeigt, dass keine Gefahr droht, denn Pferde lernen wie Menschen auch durch Vorbildwirkung. Wichtig für ein langfristiges Ergebnis sind Wiederholungen des Erlernten, egal, wie alt das Tier ist.

GIBT ES RICHTIG UND FALSCH?

Nein. Wie eben schon angeschnitten, denkt jedes Pferd anders. Nach Verhaltensprognosen kann man sich im Großen und Ganzen richten, doch birgt die Realität immer Überraschungen. Fehler gehören zur Erziehung von Tieren dazu, ganz gleich, ob sie der Mensch oder das Tier macht.

Pferde beschäftigen, motivieren und lehren

In der Natur wird Pferden nie langweilig. Sie sind mit ihren Artgenossen, der Futtersuche und dem Beobachten der Umgebung zum Schutz der Herde beschäftigt. Ihnen sollte deshalb ausreichend Beschäftigung und Abwechslung geboten werden.

MOTIVATION DURCH ABWECHSLUNG

Gerade junge Pferde langweilen sich schnell und dann werden sie unkonzentriert. Verständlich, wir wollen ja auch nicht jeden Tag die gleichen Nachrichten hören. Es sollten also immer wieder neue Anreize geschaffen werden. Am besten gelingt dies in der Natur. Bei Spazier-gängen oder Ausritten begegnet man oft Situationen, die unbekannt sind. Sei es ein umgefallener Baum oder ein Steinhaufen, der beim letzten Mal noch nicht da war.

PFERDESPIELE

Von Natur aus haben Pferde einen starken Spieltrieb. Verhaltensforscher behaupten, es sei sogar ein Zeichen höherer Intelligenz und hält sie fit. Das Spielen können Pferde nicht nur in der Herde ausleben, sondern auch wir Menschen können mit ihnen Spaß haben. Faulen und verschlafenen Pferden kann dadurch die Bewegungsfreude wiedergegeben werden und nervige Pferde werden ausgeglichener. Außerdem lernen sich Mensch und Tier dabei besser kennen und das Vertrauen wird gestärkt.

Durch einfache Gegenstände ist das Spielen leicht durchführbar. Ein Gymnastikball kann in der Halle, auf dem Platz oder einer Wiese beschnuppert, weggestupst oder -gekickt werden. Auch mit Futter kann gespielt werden. Mit ein paar Leckerli oder Möhren in der Tasche kann man mit Pferden einwandfrei „herumblödeln" und auch fangen spielen. Dabei ist jedoch immer zu beachten, dass Pferde auch übermütig werden können. Eine gewisse Vorsicht sollte also immer mitspielen.

BODENARBEIT

Bodenarbeit bezeichnet, wie der Name schon sagt, die Arbeit mit dem Pferd vom Boden aus.

Sie ist sorgt für Abwechslung im Reitalltag und ist die perfekte Lösung für Pferde, die für kurze oder auch für längere Zeit nicht reitbar sind. Es wird schonend gymnastiziert und die Körperbeherrschung wird gesteigert. Zum Bewegungs- und Abwechslungsfaktor kommt hinzu, dass durch die Arbeit vom Boden aus das Vertrauen gestärkt wird und es dem Pferd versichert, dass es sich auf den Menschen verlassen kann. So kann man Pferden Neues auch viel einfacher und angenehmer beibringen.

Ein gutes Beispiel ist das Rückwärtsrichten. Vom Boden aus kann man das Pferd auf diese Dressurlektion einwandfrei vorbereiten. Man stellt sich so vor das Pferd, dass man es an-schaut. Mit selbstbewusst aufgerichtetem Körper geht man nun auf das Tier zu. Im Idealfall wird das Pferd, ohne dass Sie es berühren, nach hinten ausweichen. Wenn nicht, dann reicht meist ein sanftes Berühren der Brust und das Signalwort „Zurück". Mit ein paar Durchläufen wird die Übung dann auch ohne Berührung funktionieren. Grundsätzlich lässt sich jede Übung über Bodenarbeit vorab ausprobieren. Sei es durch Wasser zu gehen, über Planen zu laufen, Dressurlektionen oder die Cavaletti-Arbeit. Vom Boden aus sind Pferde nicht allein konfrontiert, sondern haben immer eine Bezugsperson neben sich. Und darum geht es auch vorrangig – verschiedene Herausforderungen miteinander zu meistern.

Funktioniert eine Übung, egal, ob auf Anhieb oder nach längerem Probieren, ist es wichtig, ausgiebig zu loben. Dies sollte aber nicht jedes Mal durch ein Leckerli passieren. Zwischen den Augen zu streicheln, ist genauso eine Belohnung. Auch die Stimme hat in einer entsprechend ruhigen Tonlage eine belohnende Wirkung. Ansonsten geht es ruckzuck und das Pferd beginnt, Aufgaben unaufgefordert auszuführen, um an

Leckerlis zu kommen. Dieser Art des Bettelns sollte man gar nicht erst begegnen.

Clicker-Training

Eine weitere Art der Belohnung ist der Clicker. Bekannt ist dieser eher vom Hunde-Training, doch kann man ihn bei jedem Tier anwenden. Der Clicker ist ein kleines Gerät, in dem sich ein Knackfrosch befindet. Drückt man ihn, ertönt das typische Click-Geräusch. Man trainiert ein Pferd darauf, indem man nach einer erfolgreich abgeschlossenen Übung einmal den Clicker betätigt und dann sofort ein Leckerli gibt. Dies wird so lange geübt, bis das Pferd das Click-Geräusch als Lob verstanden hat. Ein Vorteil des Clickerns ist, dass man auch aus gewisser Entfernung loben kann.

Mit dem Clickern kann die Arbeit mit dem Targetstick verbunden werden. Dieser ist ein Stab, an dessen Spitze sich ein Ball befindet. Wenn das Pferd diesen mit der Nase berührt, wird gelobt. Das Tier assoziiert mit dem Stick etwas Positives. Ziel ist es, dass man Pferde mithilfe des Targetstick an fremde Dinge heranführen kann.

Cavaletti-Arbeit

Die Arbeit mit Cavalettis ist eine Achtsamkeitsübung und in den jungen Pferdejahren praktisch, wenn man später beabsichtigt, an Sprüngen zu arbeiten. Sie gymnastiziert in erster Linie aber jedes Pferd und auch jeden Reiter, denn dabei ist ein gefestigter Sitz gefragt. Ohne Gleichgewicht funktioniert nichts. Cavalettis sind Stangen, die etwa 3 Meter lang sind. Sie werden auf den Boden gelegt oder zu 40 bis 80 Zentimeter hohen Hindernissen aufgestellt. Der Aufbau lässt sich vielseitig gestalten.

Meist liegen jedoch mehrere Stangen hintereinander. Zunächst sollte ein Pferd ein Gefühl dafür bekommen, wie es am besten darüber laufen kann. Dafür sollte es zu Beginn der Arbeit mit Cavalettis erst einmal nur darüber geführt wer-den. Scheint das Pferd trittsicherer zu werden, kann im Schritt angefangen werden, darüber zu reiten. Wenn auch das ohne Probleme gelingt, kann in den Trab und später auch in den Galopp übergegangen werden. Gestärkt wird hierbei vor allem auch das Gefühl für den richtigen Rhythmus. Deshalb ist auch für Reiter, die sich eher auf die Dressur spezialisieren, ab und an ein Cavaletti-Training anzuraten.

Der Pferdespielplatz

Mit Stangen kann man auch noch mehr anstellen, als nur kleine Sprünge zu bauen. Auf dem Pferdespielplatz geht es etwas weniger um Takt als bei der Arbeit mit Cavalettis. Hier steht vor allem Spaß im Vordergrund. Trotzdem ist auch Konzentration gefragt. Geht einmal etwas schief, sollte nicht bestraft werden. Das Pferd lernt schließlich neue Dinge und soll daran auch Freude empfinden. Fehler gehören auch beim Spielen dazu.

Mit wenigen Handgriffen lässt sich aus Stangen ein kleines Labyrinth oder ein Quadrat auf-bauen, durch das die Vierbeiner hindurchgeführt werden kön-nen. Hier geht es um Biegsamkeit und Trittsicherheit. Enge Kurven sind nämlich gar nicht so einfach für Pferde. Dabei müssen sie das Gleichgewicht nach hin-ten verlagern. Diese Übung ist sehr praktisch bei jün-geren Pferden, die auf das Reiten vorbereitet werden, und wird sich später auszahlen. Die Balance von Pfer-den kann außerdem trainiert werden, indem man ein „L" aus Stangen baut. Durch dieses soll das Pferd vor-wärts, aber auch rückwärts geführt werden. Das ver-langt von beiden Partnern Konzentration und Koordi-nation.

Hat man ein paar Blech- oder Plastiktonnen herumstehen, können diese für einen Tonnen-slalom verwendet werden. Sie können in jeglicher Form zusammengestellt werden. Anfangs sollte man darauf achten, dass ausreichend Platz zwischen den Tonnen vorhanden ist. Dieser kann mit der Zeit dann verkleinert werden, um den Schwierigkeitsgrad zu erhöhen. Das Ergebnis neben dem spielerischen Aspekt ist auch hier, dass das Pferd biegsamer wird.

Mut wird bei der Arbeit mit Autoreifen gefordert. Hat man alte Reifen, können diese ebenfalls beim Spielen verwendet werden. Dabei wird besonders das Vertrauen gefördert, denn für die meisten Pferde wird es die erste Begegnung mit diesem seltsamen Gegenstand sein. Vorab heißt es also: erst mal beschnuppern lassen. Ist das Pferd mit dem Reifen vertraut und wirkt gelassen, kann es weiter herangeführt werden, bis es eventuell einen Vorderhuf hineinstellt. Ansonsten kann man auch etwas nachhelfen, indem man das Bein hochnimmt und es lang-sam in den Reifen stellt. Gelingt dies, ist ein ausgiebiges Loben angesagt. Mit konsequentem Training kann darauf hingearbeitet werden, dass das Pferd irgendwann mit allen vier Beinen gleichzeitig in je einem Reifen steht. Nützlich wird diese Übung vor allem, wenn die Beine beispielsweise durch eine Erkrankung in Wassereimern gekühlt werden müssen.

Es gibt aber auch noch viele weitere Möglichkeiten, einen Pferdespielplatz auszubauen. Hier-für ist lediglich Kreativität gefragt.

Longieren

Beim Longieren lässt man das Pferd an einer Longe (circa 9 Meter lange Leine) einen Zirkel um sich herumlaufen. Dazu kann das Pferd ein zügelloses Zaumzeug tragen oder einen Kappzaum. Das ist ein Zaum, der wie ein typisches Reithalfter aufgebaut ist, nur wirkt er auf das Nasenbein ein und nicht über das Maul. Benutzt man ein Zaumzeug mit Gebiss, ist die Nutzung einer Longierbrille zu empfehlen. Eine Longierbrille ist ein kurzer Riemen, meist aus Leder, an dem an beiden Enden Karabiner angebracht sind. Diese werden von unten an bei-de Gebissringe eingehakt. An einem dritten Karabiner in der Mitte des Riemens wird die Longe eingehängt. Durch die Verwendung einer Longierbrille ist die Einwirkung über die Longe nicht nur einseitig, sondern auf beiden Gebissseiten gleichmäßig verteilt.

Um Pferde bei der Dehnung und Versammlung zu unterstützen, kann ein Longiergurt mit Hilfszügeln verwendet werden. Dieser wird wie ein Sattel am

Widerrist aufgelegt. An ihm sind einige Ringe befestigt, sodass man die Hilfszügel befestigen kann. Ein Beispiel wären die Dreieckszügel. Sie bestehen aus 2 langen Gurten, die am tiefsten Gurtpunkt befestigt wer-den und dann zwischen den Vorderbeinen durch zu den Gebissringen laufen. Dort werden sie durchgezogen und laufen jeweils rechts und links vom Pferd weiter zu den Ringen, wo sie wieder festgeschnallt werden. Zwischen Gebissring und Gurt entsteht ein Dreieck. Sie über-nehmen die leitende Zügelfaust des Reiters und sollen lediglich in der Dehnung und Anlehnung unterstützend wirken. Eine Peitsche gehört ebenfalls zur Grundausrüstung, die für das Longieren notwendig ist. Mit ihr wird das Pferd eingerahmt. Sie sollte zum Vorwärtstreiben grundsätzlich knapp hinter die Hinterhand gerichtet sein. Es bildet sich zwischen Reiter, dem Kopf und der Hinterhand des Pferdes also ein Dreieck. Um das Treiben zu verstärken, kann die Peitsche geschwungen werden. Zum Ausbremsen des Tempos kann sie weiter nach hinten gerichtet werden, sodass sich das Dreieck öffnet und dem Pferd Platz nach hinten gegeben wird.

Das Longieren eignet sich besonders gut als Abwechslung im Trainingsprogramm. Es bietet aber auch eine gute Alternative, wenn der Reiter beispielsweise aus gesundheitlichen Grün-den das Pferd nicht von oben bearbeiten kann oder auch wenn das Pferd nicht reitbar ist. Allgemein unterstützt das Longieren die Konzentration, Kondition und Koordination sowie das Vertrauen. Nützlich ist sie auch für Sitzschulungen und Anfängerunterricht. Der Reiter kann dabei vollkommen auf seinen Sitz achtgeben, ohne sich zu 100 Prozent auf das Tempo oder die Richtung, in die er reitet, konzentrieren zu müssen. Ebenso macht die Arbeit an der Longe es dem Lehrer angenehmer. Er kann besser eingreifen und sich vermehrt mit dem Sitz des Schülers beschäftigen.

Zu bedenken ist, dass regelmäßig die Seiten gewechselt werden müssen, da das Pferd beim Longieren schließlich nur in eine Richtung läuft. Auch hier sollte an Gleichmäßigkeit gedacht werden.

Horsemanship

Horsemanship umfasst die allgemeine Reitkunst und den fairen Umgang mit Pferden. Es beginnt also, sobald man sich mit dem Tier beschäftigt.

Bekannt wurde der Begriff durch Pat Parelli und Monty Roberts, beide sind ehemalige Ro-deo-Reiter. Ziel ist es, eine Verbindung zum Pferd aufzubauen und keine Leistung abzuverlangen, die das Pferd nicht erbringen kann. Dies gelingt nur mit klaren Regeln und fairer Kommunikation. Ein korrektes Training zeichnet sich durch kleine Schritte, die aufeinander aufbauen, aus.

PAT PARELLI – NATURAL HORSEMANSHIP

Im Natural Horsemanship nach Pat Parelli geht es vorwiegend darum, den Menschen so auszubilden, dass er das Verhalten des Pferdes bestmöglich versteht. Die Arbeit mit dem Pferd setzt vor allem gegenseitiges Vertrauen sowie Respekt und freie Kommunikation unter Berücksichtigung verschiedener Charaktere der Pferde voraus. Dies beschreibt der Begriff „Horsenality". Auch unter Pferden gibt es eher extrovertierte und introvertierte Tiere. Verschiedene Pferdetypen benötigen unterschiedliche Umgangsweisen. Manch eine Übung muss eventuell ganz anders angegangen werden, damit das Pferd den Menschen überhaupt versteht. Es wird in „Left Brain" (linke Hirnhälfte) und „Right Brain" (rechte Hirnhälfte) unter-schieden. Die „Left-Brain-Pferde" sind im Gemüt mutig, dominant und ruhig, während „Right-Brain-Pferde" eher misstrauisch, zurückhaltend und ängstlich sind.

Ein weiterer Schritt in der Analyse der „Horsenality" ist es, herauszufinden, ob ein Pferd introvertiert, also mit eher wenig Drang zum vorwärts, oder extrovertiert, mit viel Energie und Bewegungsdrang, ist. Daraus lässt sich Folgendes schließen: Ein Pferd, das „Left

Brain, extrovertiert" ist, braucht viel Abwechslung und lernt schnell. Ist das Pferd „Left Brain, introvertiert", weiß es genau, was es will, und ist meist nicht dazu bereit, mehr zu tun. „Right Brain, extrovertiert" ist ein Pferd, das schnell ängstlich wird und alles Mögliche infrage stellt. Ein Pferd, das zurückhaltend und ruhig ist, gehört zur Kategorie „Right Brain, introvertiert". Entsprechend der Kategorie sollte das Verhalten, das der Mensch im Umgang mit einem Pferd wählt, also beispielsweise dominant oder vertrauenserweckend, angepasst werden. Nur so ist eine faire und freie Kommunikation möglich.

Außerdem gibt es die „Sieben Spiele nach Parelli". Auch hierbei soll die Kommunikation zwischen Mensch und Pferd optimiert werden. Die Spiele bauen aufeinander auf. Das erste Spiel kann allerdings zwischendurch immer wieder eingebaut werden.

„The Friendly Game" (Das Freundschafts-Spiel) bildet den Anfang der Spielreihe. Dabei soll dem Pferd versichert werden, dass man ihm nicht wehtut und dass es einem vertrauen kann. Das Tier wird immer wieder durch das Streicheln positiv beeinflusst. Zwischendurch wird es jedoch mit angsteinflößenden Situationen oder Gegenständen konfrontiert.

Beispielsweise kann das bei einem jungen Tier eine Schabracke sein. Diese wird während des Streichelns immer wieder auf den Pferderücken gelegt, dann wird gestreichelt und sie wird wieder heruntergenommen. Währenddessen sollte das Pferd nicht angebunden sein, sondern nur an einem Strick gehalten werden. Die Möglichkeit, eventuell auszuweichen zu können, muss dem Pferd gegeben werden. Wichtig ist ebenfalls, dass der Wechsel aus Konfrontation und Streicheln in einem gleichbleibenden Rhythmus geschieht. Dadurch kann das Pferd die Situation schon voraussehen. Das vermittelt ihm etwas Sicherheit. Ziel ist, dass das Pferd lernt, dass ihm in der Gegenwart des Menschen nichts Schlimmes passiert.

Spiel Nummer zwei ist „The Porcupine Game" (Das Stachelschwein-Spiel). Hier soll das Pferd erlernen, dass es auf Druck weichen soll. Dadurch können Vor- und Hinterhandwendungen am Boden, aber auch das Rückwärtsgehen und das Senken des Kopfes erlernt wer-den. Nehmen wir letzteres als Beispiel: Zuerst wird mit den Fingerspitzen ein leichter, stetiger Druck hinter dem Genick ausgeübt. Reagiert das Pferd darauf nicht, wird dieser intensiviert. Passiert danach noch immer nichts, wird er noch ein wenig verstärkt. Senkt das Pferd den Kopf, wird der Druck sofort und vollständig weggenommen. Dass ihm der Druck nicht folgt, ist für das Pferd eine positive Verbindung. Mit ein paar Übungsdurchläufen versteht das Pferd, dass es auf den Druck mit einem Weichen reagieren soll.

„The Driving Game" (Das Fahr-Spiel) ist die dritte Spielstufe. Sie baut direkt auf dem „Porcupine Game" auf. Das Pferd soll nun erlernen, ohne eine Berührung dem Menschen zu weichen. Soll es zum Beispiel rückwärts weichen, so wird gerade auf das Tier zugegangen. Idealerweise geht es gleich rückwärts, wenn es schon verstanden hat, dass ein gewisser Ab-stand zu herrschen hat. Ansonsten kann mit einer Handbewegung oder dem Schwingen eines Seils nachgeholfen werden. Aber auch dabei soll das Pferd nicht berührt werden. Dies wird so lange geübt, bis das Tier bei Abstandsverkleinerung nach hinten weicht.

Das vierte Spiel ist „The Yo-Yo-Game" (das Jo-Jo-Spiel). Dabei soll das Pferd auf einer geraden Linie zurückgeschickt und wieder eingeladen werden. Auch dieses Spiel sollte ohne Berührung (außer zum Loben) funktionieren.

Danach folgt „**The Circling Game**" (das Kreis-Spiel). Das Pferd wird dazu longiert. Das Ziel ist, dass das Pferd die geforderte Gangart so lange beibehält, bis eine Aufforderung zu etwas anderem kommt. Währenddessen sollte man in der Mitte des Zirkels stehen und nicht mitlaufen. Sobald das Pferd aus der geforderten Gangart durchpariert, wird es auf dem Zirkel ein Stück hereingeholt und wieder herausgeschickt. Dass es angenehmer ist, auf dem Zirkel zu bleiben, wird das Pferd schnell verstehen. Behält es die richtige Gangart bei, so wird es in Ruhe gelassen. Während dieser Übung können auch Cavalettis auf dem Zirkel eingebaut werden, um für Abwechslung zu Sorgen.

Beim „**Sideways Game**" (Seitwärts-Spiel) wird das Pferd erst am Kopf durch leichten Druck weggeschickt, dann an der Hinterhand. Dies wird wiederholt, bis sich das Pferd von allein ausrichtet und seitwärts weicht. Damit es dabei nicht nach vorn ausweichen kann, ist es von Nutzen, diese Übung vor einer Wand oder einem Zaun durchzuführen. Wichtig ist, dass an beiden Seiten des Pferdes gleichmäßig geübt wird.

Den Schluss macht „**The Squeeze Game**" (das Dazwischendrängen-Spiel). Man stellt sich mit circa drei

Meter Abstand vor eine Wand und fordert dann das Pferd auf, dazwischen hin-durchzulaufen. Der Abstand zur Wand wird dann langsam immer weiter bis auf einen Meter verringert. Dabei sollte es nach dem Durchlaufen einen Moment zum Entspannen bekommen, damit es dies mit Komfort verbindet. Das kann einem viele Vorteile beim Verladen auf einen Hänger verschaffen.

Bei jedem der Spiele wird das Pferd psychisch beansprucht. Es ist also darauf zu achten, dass man es nicht zu sehr überfordert. Auch das Denken kann sehr anstrengend sein.

MONTY ROBERTS – JOIN-UP

Eine spezielle Methode von Monty Roberts ist das Join-up. Ursprünglich eine Alternative zum „brechen", also dem gewaltsamen Einreiten wilder Mustangs. In einem Roundpen (ein eingezäunter runder Platz) bewegt sich das Pferd frei um den Ausbilder, der sich in der Mitte be-findet. Durch Wegschicken des Pferdes mittels Handzeichen oder auch Werfen einer Longe in Richtung des Tieres möchte der Trainer deutlich machen: „Wenn du nicht zu mir kommen willst, dann geh weg."

Ist das innere Ohr zum Ausbilder gerichtet, weiß dieser, dass er die Aufmerksamkeit bei sich hat. Aufgrund dessen, dass Pferde Herdentiere sind, wird es nach geraumer Zeit den Drang verspüren, sich jemandem anzuschließen. Durch das Lecken der Lippen und Kauen sowie das Senken des Kopfes signalisiert das Pferd, dass es sich unter-wirft.

Äußert das Pferd dies, so tritt der Ausbilder etwas vor das Pferd, um es abzubremsen. Dann wendet sich der Ausbilder mit gesenktem Blick der Achse des Tieres in einem 45 Grad Winkel zu. Das ist das sogenannte „in die Herde Einladen". Geht das Pferd darauf ein, dann kommt es auf den Ausbilder zu und sucht den Kontakt – das sogenannte Join-up. Nun kann der Ausbilder sich langsam dem Pferd zuwenden und es vorab zwischen den Augen streicheln. Danach kann er es ebenfalls am ganzen Körper etwas kraulen, um es willkommen zu heißen. In freier Wildbahn würden Pferde sich auch erst einmal beschnuppern und kennen-lernen. Während des gesamten Vorgangs wird kein Augenkontakt aufgenommen.

Auf das Join-up folgt nun das Follow-up. Läuft der Ausbilder also los, kann erwartet werden, dass das Pferd folgt. Das Pferd sieht ihn als Leittier an und hat sich unterworfen.

Sollte das Tier jedoch nicht auf den Ausbilder zukommen, kann dieser mit einer weiterhin passiven Haltung zum Pferd und mit ausreichend Abstand etwas hin- und herlaufen. Reagiert das Pferd noch immer nicht, so wird es wieder weggeschickt und das Spiel beginnt von Neuem.

Naturgemäßes Dressieren

Jahrhundertelang wurde das Pferd ausschließlich als Nutztier gesehen. Oft wird der Dressur-sport damit verbunden und bei manch einer Umgangs-weise stellt man die Absichten der Reiter auch mal infrage. Unter Kritikern heißt es oftmals: „Das Pferd ist doch nur noch der gut aussehende Sportgegenstand, der seine Leistung zu erbringen hat. Wenn es das nicht tut, wird zu härteren Mitteln gegriffen." Jeder muss für sich selbst festlegen, nach welchen Regeln er mit den Vierbeinern arbeitet. Nur, weil manch eine Verhaltens-weise fraglich ist, be-deutet es nicht gleich, dass

Dressur Tierquälerei ist. Das Ausführen von Lektionen in einer Prüfung hat in keiner Weise etwas mit dem Dressieren von Lektionen zum Selbstzweck, wie beispielsweise im Zirkus, zu tun. Die Dressur ist die Basis jeglicher Ausbildung eines Pferdes. Es sollen die Bewegungsmöglichkeiten des Tieres verbessert und eine feine Kommunikation zwischen Reiter und Pferd hergestellt werden. Das Pferd ist nicht für die Dressur geschaffen, sondern die Dressur für das Pferd. Dessen Muskulatur soll gelockert, elastiziert und gymnastiziert werden. Nur so können Dressurlektionen erfolgreich und artgerecht gemeistert werden.

DIE AUSBILDUNG

Damit ein Pferd arbeitswillig, gut erzogen und angenehm zu reiten ist, braucht es eine sorg-fältige Ausbildung. Die Ausbildung eines Pferdes orientiert sich an einer Skala, herausgegeben von der Deutschen Reiterlichen Vereinigung (FN). Diese ist in verschiedene Phasen unterteilt. Phase Eins ist die Gewöhnungsphase, in der Takt und Losgelassenheit geschult werden.

Das bedeutet, dass auf Gleichmäßigkeit der Schritte und Sprünge geachtet wird und dass sich die Muskulatur unverkrampft an- und entspannt. Diese Phase geht über in die Entwicklung der Schubkraft in Phase Zwei. Hier wird schon an einer stetigen, weichen Verbindung zwischen Pferdemaul und Reiterhand gearbeitet.

Auch soll der Schwung entwickelt werden. Heißt, dass die Hinterhand aktiver werden soll, um über den Rücken eine Gesamt-Vorwärts-Bewegung zu erzeugen. In Phase Drei ist das Ziel, die Tragkraft zu entwickeln. Dazu sollten beide Körperseiten des Pferdes gleichmäßig trainiert werden, um die natürliche Schiefe, die jedes Pferd hat, auszugleichen. Außerdem gilt es, in der Schlussphase die Ver-sammlung aufzubauen. Dafür muss daran gearbeitet werden, dass die Hinterhand mehr untertritt. Das kann beispielsweise durch die Arbeit an Tempowechseln und dem Schulterherein (einer Form der Seitengänge) gefördert werden. Teils entwickeln sich die einzelnen Punkte parallel und überschneiden die drei Phasen.

Durch die Arbeit vom Boden aus und der allgemeinen Erziehung wird zusätzlich neben den Phasen an der Durchlässigkeit und dem Gleichgewicht gearbeitet. Nach diesem Konzept wird ein Pferd gerecht ausgebildet. Die klassische Reitlehre richtet sich nach den Bedürfnissen, den individuellen Anlagen und den körperlichen Voraussetzungen des Tieres. Es soll ausgewogen gymnastiziert und gekräftigt werden. Dafür ist ein

Reiter mit einer feinen Hilfengebung und einem aus-balancierten Sitz gefordert. Ziel ist ein leistungsberei-tes, williges und vertrauensvolles Pferd. Damit ist die Grundlage für weitere Trainings geschaffen.

Pferden kann man nichts beibringen, was ihre Na-tur nicht von allein kann. Jede Lektion der Dressur können sie ohnehin, wir trainieren lediglich die Aus-führung einer Lektion auf eine bestimmte Hilfe hin.

DER AUFBAU EINER
FÖRDERNDEN REITSTUNDE

Den Anfang macht die Lösungsphase. Sie ist sehr wichtig, denn sie bildet die Grundlage des Trainings. Schon hier können Fehler passieren. Zu wenig Schritt, nicht ausreichend Vorwärts, keine Hufschlagfiguren, zu enge Wendungen, zu frühes Abfragen von Lektio-nen etc. Des-halb ist es gerade hier wichtig, auf das Pferd zu achten. Wie der Name schon sagt, soll sich das Pferd in dieser Phase lösen. Heißt, die Muskeln und Ge-lenke sollten aufgewärmt und der Kreislauf in Schwung gebracht werden.

Angefangen wird mit einer Schrittphase. In der Regel sagt man, dass sie circa 10 Minuten lang sein sollte, doch das variiert von Pferd zu Pferd. Ein

Sportpferd wird schneller warm sein als ein älteres Pferd. Dabei unterstützen häufige Wechsel der Gangart, Handwechsel und große gebogene Linien, um die Gelenke noch nicht zu überfordern. Nach welcher Zeit man das Ziel der Lösungsphase erreicht hat, ist Pferd vom Pferd unterschiedlich. Testen kann man die Dehnungsbereitschaft durch ein „Zügel aus der Hand kauen lassen". Ob das Pferd an den Hilfen steht, kann durch ein Überstreichen (Vor-schieben der Zügelfaust entlang des Mähnenkamms) überprüft werden. Klappt alles ohne Ausbrüche des Pferdes, kann in die nächste Phase übergegangen werden. In der Arbeitsphase sollten alle Punkte, die in der Thematik der Ausbildungsskala genannt wurden, erreicht werden.

Gleichmäßigkeit, Losgelassenheit, Versammlung, Durchlässigkeit etc. werden hier abgefragt. Was genau in dieser Phase als Ziel erreicht werden soll und zu welchem Grad Lektionen abgefragt werden, ist vom Leistungsstand des Reiters und des Pferdes abhängig. Die Ziele eines Trainings sollten auf jeden Fall an den Trainingsstand der beiden Sportpartner angepasst sein. Grundsätzlich gilt: Die Anlehnung kann durch Wechsel der Gangart und Abwechslung in den Hufschlagfiguren gefördert werden. Mithilfe von Para-den (Zusammenspiel der Gewichts-, Schenkel- und

Zügelhilfe), dem Kurzkehrt (Pferd dreht sich mit der Vorhand 180 Grad um die Rückhand) und dem Rückwärtsrichten kann die Ver-sammlung verbessert werden. Um sich weitere Ideen für das Training zu holen, für Ab-wechslung zu sorgen sowie sich neue Ziele zu setzen, gibt es unzählige Magazine und Bücher. Gute Tipps kann man sich auch von erfahrenen Reitern oder Ausbildern holen.

Wichtig sind Pausen zwischendurch. Sich an einer Übung festzufahren, ist kontraproduktiv. Tier und Reiter ermüden daran und eventuell entsteht sogar Frust. Deswegen sollten bei einem intensiven Training ab und an für einige Minuten Schrittpausen eingelegt werden, um kurz alles zu lockern und durchatmen zu können.

Nach gelungenem Abschluss der Arbeitsphase ist nichts weiter auszuprobieren. Ein Training sollte immer mit einem positiven Erlebnis beendet werden. Klappt einmal etwas nicht so, wie man es sich vorgestellt hat, dann ist das kein Weltuntergang. Tiefen gehören nun mal auch dazu, sonst würde es die Höhen nicht geben. In einem Tief sollte niemandem die Schuld da-für gegeben werden, dass etwas nicht funktioniert. Es geht vielmehr um Einsicht, Defizite zu erkennen und sich durch sie weiterzuentwickeln. Häufig liegt es einfach an der Tagesform, dass etwas nicht passt, ob nun bei uns oder beim Tier. Wie Menschen haben auch Pferde mal einen schlechten Tag, an dem zu wenig Kraft vorhanden ist oder psychisch schon der Kopf qualmt. Gerade Stuten haben sehr oft wechselnde Gemüter. Man sollte dem Pferd und auch sich selbst nichts verübeln. Es kommt immer ein neuer Tag. Abschließend ist eine Lektion abzurufen, die mit Sicherheit in einem positiven Ergebnis endet. Ist man damit zufrieden, geht es in die Entspannungsphase. Die Stunde wird in einem lockeren Leichttraben und „Zügel aus der Hand kauen lassen" beendet. Anschließend folgt eine, dem Training angepasste, Schrittphase, in der sich das Pferd vorwärts-abwärts dehnen kann. Es sollte also den Rücken aufwölben und mit der Hinterhand aktiv untertreten, damit es frei aus der Schulter laufen kann.

DIE LEKTIONEN DER DRESSUR

Das „Dressieren" oder eher Trainieren von Lektionen dient nicht dem Reiter, sondern der Gymnastizierung des Pferdes. Es wird also nicht nur gefordert, sondern vor allem gefördert. Durch unterschiedliche Übungen lassen sich Unstimmigkeiten oder sogar Probleme lösen. Im Dressursport werden diese Lektionen entsprechend der Klasse während einer Prüfung gezeigt. Zu den gängigsten Lektionen werden wir uns die notwendige Hilfengebung und die korrekte Durchführung anschauen.

Beim **Rückwärtsrichten** geht das Pferd diagonal im Zweiertakt rückwärts. Dabei macht das Pferd Tritte und keine Schritte, wie gewohnt. Normalerweise läuft ein Pferd im Schritt einen Viertakt, es setzt also jeden Huf einzeln. Beim Rückwärtsrichten geht das Pferd jedoch im Zweiertakt, also gleichzeitig vorn rechts und hinten links, dann zeitgleich vorn links und hinten rechts. Diese Lektion setzt einen ausbalancierten Sitz des Reiters und ein an den Hilfen stehendes Pferd voraus. Um Fehler zu vermeiden, sollte mit der Übung vom Boden aus angefangen werden. Timing ist hier sehr wichtig, weshalb auf jede Bewegung des Pferdes zu achten ist. Diese Lektion kann aus jeder Gangart angeritten werden. Ist das Pferd durchpariert und es steht, so sollte zunächst nach vorn gedacht werden. Sobald das Pferd dann in der Schulter zum ersten Schritt ansetzen möchte, kann man nach hinten denken. Durch leichtes Entlasten des Rückens wird Luft zum Zurückgehen gegeben. Nun verstärkt man das Treiben und gibt eine halbe Parade. Je nachdem, wie das Pferd fußt, sollte die treibende und entlastende Hilfe verstärkt oder reduziert werden. Das Ziel ist ein versammeltes und deutlich ab-fußendes Pferd.

Das **Kurzkehrt** ist eine Hinterhandwendung, bei der sich das Pferd mit der Vorhand 180 Grad um die Hinterhand dreht. Wichtig: Es darf dabei nicht vorwärts, sondern nur seitwärts treten. Voraussetzung ist, dass das Pferd versammelt ist und dessen Hinterhand Last tragen kann.

Eingeleitet wird das Kurzkehrt, indem der Reiter eine halbe Parade gibt, um das Pferd zu versammeln. Dann stellt er es nach innen. Anschließend wird das Gleichgewicht nach innen verlagert, der äußere Schenkel beginnt, vorsichtig zu treiben und mit der inneren Hand wird die Richtung gewiesen. Der äußere Schenkel darf währenddessen nicht zu weit hinten liegen, weil dadurch die Hinterhand aktiviert wird und das Pferd in ein Schenkelweichen über-gehen würde. Ist das Pferd wieder auf dem Hufschlag angekommen, wird es gerade gestellt.

Das Reiten von **Mitteltrab und -galopp** gymnastiziert Pferde sehr gut und stärkt vor allem die

Hinterhand. Bei dieser Lektion stellt sich heraus, wie sehr der Reiter auf das Tier einwirken kann. Oftmals wird davon ausgegangen, dass das Pferd nur schneller vorwärtsgehen muss, doch das ist hierbei nicht das Ziel. Es geht darum, dass sich die Tritte vergrößern und das Pferd aktiv mit der Hinterhand untertritt. Dazu verstärkt der Reiter die treibenden Hilfen und fängt das Pferd gleichzeitig vorn wieder ab, sodass es an die Hand des Reiters herantritt. Die Voraussetzung dafür ist, dass eine stetige Anlehnung vorhanden ist und dass das Tier gut auf die Schenkel- und Gewichtshilfen des Reiters reagiert.

Der **versammelte Trab und Galopp** zeigen das Gegenteil. Die Hinterhand nimmt mehr Last auf, die Tritte werden verkürzt und es entsteht ein etwas längerer Schwebemoment zwischen den Tritten.

Für viele Pferde ist der **Außengalopp** schwierig, weil sie sich nicht ausreichend ausbalancieren können. Meist fehlt auch die Kraft in der Hinterhand, um die Last aufzunehmen. Mit ein wenig Übung ist jedoch alles machbar. Zu Beginn wird im Handgalopp geritten und dann ein Handwechsel eingeleitet. Eine praktische Hufschlagfigur dafür ist „aus der Ecke kehrt". Ist man nun auf der neuen Hand, gilt es, das Pferd auf der alten Hand zu halten. Heißt, der innere Schenkel bleibt weiterhin begrenzend hinten als wäre er der äußere, und das Pferd ist auch weiterhin leicht nach außen gestellt. Wichtig ist, dass man das Pferd dabei in seiner Balance bestmöglich unterstützt. Auch hier wird sich herausstellen, ob das Pferd an den Hilfen und in Versammlung geht.

Das **Schulterherein** ist eine großartige Lektion, um die Biegsamkeit und Balance, aber auch wieder die Versammlung des Pferdes zu fördern. Dabei wird das Pferd von Kopf bis knapp hinter die Schultern nach innen gestellt, sodass es sich insgesamt auf 3 Hufschlägen bewegt und in circa 30 Grad zur Hallen- oder Platzbegrenzung abgestellt ist. In sich sollte es dabei aber nicht zu stark gebogen sein. Am besten reitet man das Schulterherein aus einem Zirkel heraus. Kommt man auf die lange Gerade zu, dann wird die Stellung beibehalten, doch mit dem inneren Schenkel wird das Pferd gerade an der Bande entlang getrieben. Der äußere Zügel kann minimal geöffnet werden, um dem Pferd Raum zum Laufen zu geben. Wichtig ist, dass der Reiter aufrecht im Sattel sitzen bleibt. Verlagert er sein Gewicht, so bringt er das Pferd aus dessen Balance.

Geritten werden kann das Schulterherein im Schritt, Trab und Galopp.

Das **Schenkelweichen** ist vor allem für Einsteiger eine gute Lektion, um das Zusammenspiel der Gewichts-, Schenkel- und Zügelhilfen zu verstehen, denn diese müssen sehr gut aufeinander abgestimmt sein, um die Übung zu meistern. Ähnlich wie beim Schulterherein bewegt sich das Pferd auf mehreren Hufschlägen. Hier befindet sich jeder Huf auf einem Hufschlag, also insgesamt werden vier Stück beansprucht. Dabei ist das Pferd maximal in 45 Grad ab-gestellt. Am Anfang kann es auch zur Bande gestellt sein, das kann bei der Linienführung unterstützen. Ansonsten wird meist auf die Mittel- oder Viertellinie abgebogen und von dort aus durch die Bahn gewechselt. Dazu verlagert der Reiter sein Gewicht auf eine Seite und treibt mit dem inneren Schenkel, dem das Pferd weichen soll. Wichtig dabei ist, dass er nicht nur seitwärts-, sondern auch vorwärtstreibt. Der äußere Schenkel bleibt dabei verwahrend am Gurt liegen. Begrenzt wird mit dem äußeren Zügel. Durch den inneren Zügel wird Stellung gegeben. Das Pferd sollte dabei allerdings nicht gebogen, sondern gerade gehen. Des-halb gehört diese Lektion auch nicht zu den Seitengängen.

Die **Traversale** wiederum gehört zu den Seitengängen. Die wird im versammelten Trab oder im versammelten Galopp geritten. Wie beim Schenkelweichen und Schulterherein geht das Pferd hierbei vorwärts-seitwärts, doch dabei ist es gebogen und gestellt. Je nach Schwierigkeitsgrad wird entweder dabei durch die ganze Bahn gewechselt oder in höheren Klassen auch nur durch die halbe Bahn.

Die Lektion wird durch halbe Paraden eingeleitet, um das Pferd zu versammeln. Wird von der kurzen Seite auf die lange geritten, so wird die Biegung und Stellung aus der Kurve beibehalten. Der innere Gesäßknochen wird belastet, der innere Schenkel treibt und hält das Pferd in der Biegung, während der äußere hinter dem Gurt liegt und das Vorwärts-Seitwärts veranlasst. Zur Unterstützung des Seitwärts kann der innere Zügel verwendet werden. Der äußere Zügel wirkt begrenzend. Eine halbe Traversale wird nur bis zur oder von der Mittellinie geritten. Bei der Zickzack-Traversale wird auf die Mittellinie abgewendet und die Traversale bis zur Viertellinie geritten.

Dort wird umgestellt und über die Mittellinie bis zur Viertellinie auf der anderen Seite traversiert. Auch dort wird wieder umgestellt und dann nur bis zur Mittellinie geritten. Dort wird die Traversale beendet.

Die Traversale kann ebenso im Galopp geritten werden. Dabei wird auf den Wechselpunkten ein fliegender Wechsel durchgeführt.

Einfache Galoppwechsel fordern und fördern die Durchlässigkeit des Pferdes. Voraussetzung dafür ist, dass das Pferd aus dem Galopp ruhig und fließend zum Schritt durchparieren kann und ebenso aus dem Schritt angaloppieren kann. Ist dies gefestigt, kann an den Wechseln gearbeitet werden. Beim einfachen Galoppwechsel wird aus dem Galopp zum Schritt durchpariert und dieser wird circa eine Pferdelänge durchgeritten. Dabei wird das Pferd erst gerade und dann auf die andere Hand umgestellt. Auf dieser neuen Hand wird anschließend wieder angaloppiert. Am besten lässt sich dies beim „durch den Zirkel wechseln" oder „aus der Ecke kehrt" üben. Das „aus der Ecke kehrt" wird im Handgalopp durchgeritten. Eine Pferdelänge vor dem Erreichen des Hufschlages wird zum Schritt durchpariert und das Pferd wird umgestellt. Anschließend wird es auf der neuen Hand wieder angaloppiert. Auf einem Zirkel wird es genauso durchgeführt. Es wird „aus dem

Zirkel gewechselt" und dabei wird über X durchpariert, umgestellt und wieder neu angaloppiert.

Funktioniert der einfache Wechsel gut, kann mit der Arbeit am **Fliegenden Wechsel** begonnen werden. Geeignete Hufschlagfiguren sind auch hier das „aus dem Zirkel wechseln", „aus der Ecke kehrt" und „durch die ganze Bahn wechseln". Nehmen wir uns das Beispiel „durch die ganze Bahn wechseln". Die Hufschlagfigur wird im Handgalopp angeritten. X ist der Punkt, auf dem der fliegende Wechsel stattfinden soll. Zu Beginn kann man sich als Hilfsmittel ein Cavaletti auf den Punkt, an dem man umspringen möchte, stellen. Dann kann man auf eine Stange umsteigen, die auf dem Boden liegt. Klappt auch das, kann man diese weg-nehmen und es ohne Hilfsmittel üben.

Serienwechsel sind erst ab Klasse S gefragt. Dies ist eine Aneinanderreihung fliegender Galoppwechsel. Unterschieden wird zwischen Einer-, Zweier-, Dreier- und Viererwechseln. Beim Einerwechsel erfolgt bei jedem Galoppsprung ein fliegender Wechsel. Dabei bleibt das Pferd gerade gestellt. Die Zweierwechsel erfolgen nach jedem zweiten Galoppsprung. Die Dreierwechsel nach jedem dritten und die Viererwechsel nach jedem vierten Galoppsprung. Die größte Schwierigkeit liegt darin, das gleiche Tempo und denselben Takt beizubehalten.

Um ein Pferd an die inneren Hilfen zu reiten, kann das **Renvers** genutzt werden. Dabei wird der Körper des Pferdes an der langen Seite nach innen von der Bande weg gerichtet. Ge-stellt wird das Pferd dabei jedoch zur Bande hin. Die Gewichtshilfe erfolgt einseitig in Bewegungsrichtung und der innere Schenkel treibt die Hinterhand seitwärts. Der innere Zügel be-grenzt und der äußere weist die Richtung.

Die **Piaffe** ist eine Lektion, die eine absolute Versammlung fordert, denn die Trabbewegung des Pferdes wird so sehr versammelt, dass das Pferd nur minimal vorwärtsgeht. Die Hinter-hand des Pferdes tritt weit unter den Körper. Die Hufe werden dabei auf Höhe des Fessel-kopfes gehoben. Das Maß, inwieweit ein Pferd seine Hufe vom Boden hebt, wird Kadenz genannt.

Voraussetzung ist, dass das Pferd sein Hüft-, Knie- und Sprunggelenk beugen kann und sich selbst trägt. Die größte Herausforderung dabei ist, dass der Takt beibehalten wird. Der Reiter sitzt tief im Sattel. Seine äußere Hand bremst die Vorwärtsbewegung, während die innere das Pferd gerade und aufrecht hält. Wie viel getrieben werden muss, ist von Pferd zu Pferd unterschiedlich, aber grundsätzlich liegt der Schenkel circa eine halbe Handbreit hinter dem Gurt. Es wird abwechselnd im Takt der Tritte getrieben, um die Hinterhand zum selben Takt zu animieren.

Die **Passage** hingegen ist zwar auch eine versammelte Trabbewegung, jedoch wird dabei die Schwebephase zwischen den Tritten deutlich verlängert. Am besten lässt sich die Passage aus der Piaffe einleiten. Das Pferd wird dabei im Trab weiterhin zurückgeführt. Heißt, bei-de Schenkel treiben und vorn wird das Vorwärts abgefangen. Bei der Passage wird die Vorwärtsbewegung allerdings nicht ausgebremst. Die Kadenz der Piaffe soll erhalten bleiben und durch eine verlängerte Schwebephase ergänzt werden.

Eine **Pirouette** kann im Schritt, Galopp oder als Piaffe geritten werden. Nicht jedes Pferd ist anatomisch dazu veranlagt, diese Lektion einwandfrei auszuführen. Wir werden sie uns am Beispiel der Galopp-Pirouette anschauen: Dabei bewegt sich die Vorhand des Pferdes in einem kleinen Kreis um die Hinterhand. Eine ganze Pirouette besteht aus sechs bis acht Galoppsprüngen, in denen sich das Pferd einmal um 360 Grad dreht. Bei einer halben Pirouette ist es nur eine 180 Grad Drehung mit drei bis vier Sprüngen.

Um Pferde langsam, aber sicher darauf vorzubereiten, sollte man an der langen Seite das Schulterherein im Galopp üben. Auch die Traversale kann vorbereitend helfen. Geht das Pferd in einem versammelten Galopp, kann mit der Arbeit begonnen werden. Die Gewichtshilfe wird stark nach innen verlagert. Der innere Schenkel und der innere Zügel sorgen für Biegung und Stellung. Geführt und begrenzt wird das Pferd durch den äußeren Schenkel und den äußeren Zügel. Jeder Galoppsprung sollte so ausgeritten werden, als gäbe man eine Hilfe zum Angaloppieren. Wichtig ist, dass auch die Unterbrechung der Pirouette trainiert wird. Aus einer so starken Seitwärtsbewegung ist das Geraderichten nicht einfach und erfordert ein hohes Maß an Taktgefühl und Durchlässigkeit.

DRESSURKLASSEN

Die Dressur wird in verschiedene Klassen unterteilt, um den Leistungsumfang abzugrenzen. Schon für junge Reiter gibt es beispielsweise die **Führzügel- und Longenreiter-Wettbewerbe**. Sie bilden eine eigenständige Klasse der Reiterwettbewerbe. Darauf folgt die **E-Dressur**. Das E bedeutet Einsteiger und soll, wie der Name schon sagt, den Einstieg in das Dressurreiten legen.

Jeder fängt einmal an und genau dafür ist sie optimal. Ab dieser Klasse müssen vor dem Turnier Abzeichenprüfungen (beispielsweise das Reitabzeichen Sieben) abgelegt werden, damit sichergestellt ist, dass der Reiter den Anforderungen gerecht wird. Gerade im Einsteigerbereich kann das Können des Reiters, aber auch die Fähigkeiten des Pferdes überschätzt werden. Dabei wird nicht nur das praktische Reiten der Lektionen einer entsprechenden Klasse abgefragt, sondern auch das theoretische Grundwissen. Ge-zeigt werden soll in der Prüfung das Beherrschen aller Grundgangarten auf Hufschlagfiguren wie dem Zirkel, Schlangenlinien oder durch die halbe Bahn wechseln. Die meisten Prüfungen der Klasse E werden in einer Abteilung geritten. Dadurch wird gezeigt, dass der Reiter sein Pferd unter Kontrolle hat und ob ein Gefühl für das Zusammenarbeiten mit anderen Reitern vorhanden ist. Die Prüfung soll harmonisch und synchron ablaufen. Benotet wird der Sitz des Reiters, die Rittigkeit des Pferdes und der Gesamteindruck, der während der Prüfung vermittelt wurde. Grundsätzlich dauert die Prüfung zwar nur drei Minuten, doch diese drei Minuten fordern Konzentration und können sehr anstrengend sein.

Anschließend folgt die **A-Dressur**. Das A steht für Anfänger, bedeutet allerdings nicht, dass es einfach wird. Die Klasse baut auf dem auf, was in der E-Dressur gefordert wird. Dazu kommen etwas anspruchsvollere Lektionen wie das Rückwärtsrichten, das zeigen soll, dass man das Pferd versammelt hat. Dadurch sehen die Richter außerdem, ob der Reiter ein Ge-fühl für die Hilfen hat, die er durch seinen Sitz geben kann. Eine weitere Lektion ist das „Zügel aus der Hand kauen lassen". Die Richter möchten sehen, ob das Pferd sich in seiner Muskulatur entspannt oder ob es verkrampft ist. Beim Überstreichen zeigt sich, ob das Pferd an den richtigen Hilfen steht. Weiterhin werden nun nicht nur die Grundgangarten abgefragt, sondern auch die Verstärkung zum Mitteltrab und Mittelgalopp. Dabei stellt sich heraus, ob der Reiter die Kontrolle über das Pferd hat und jederzeit auf das Tempo einwirken kann. Außerdem sollte das Viereck verkleinern/vergrößern und das punktgenaue Reiten beherrscht werden. Auch hier sollen Pferd und Reiter ein harmonisches Bild abgeben.

Auch, wenn sie als leichte Klasse beschrieben wird, ist die **L-Dressur** alles, aber nicht leicht. Zu den Anforderungen aus Klasse A kommt hier die

Versammlung hinzu. Das Pferd soll aktiv mit der Hinterhand untertreten. Es ist also nicht nur der verstärkte Trab und Galopp zu zeigen, sondern auch das versammelte Traben und Galoppieren. Die Übergänge sollen deutlich zu erkennen sein. Außerdem kommen Volten im Trab sowie die Hinterhandwendung (auch: Kurzkehrt) hinzu. Die Richter können dadurch erkennen, ob sich das Pferd biegen und stellen lässt und ob es korrekt an den Hilfen steht. Um zu erkennen, ob der Reiter das Pferd versammeln hat, soll der Außengalopp gezeigt werden. Generell besteht die Prüfung aus vielen Hufschlagfiguren, die Handwechsel beinhalten. Also beispielsweise aus dem Zirkel wechseln oder aus der Ecke kehrt.

Es folgt die **M-Dressur**. Das M steht für mittlere Anforderungen und diese befinden sich schon auf dem Niveau der Profis. In den genannten Klassen hatte das Viereck stets eine Größe von 20 mal 40 Metern. In der M-Dressur kann die Größe auch schon 20 mal 60 Meter betragen. Die Lektionen werden grundsätzlich auf Kandare geritten. Neben den Lektionen der vorherigen Klassen werden vermehrt Seitengänge, wie die Traversale und das Schulter-herein, gezeigt. Verstärkter Trab und Galopp werden ebenfalls gefordert. Tempowechsel, Verstärkung und Versammlung sollten also sicher beherrscht werden. Die ersten fliegenden Wechsel werden in Vorbereitung auf die nächsthöheren Klassen ebenfalls abgefragt.

Klasse S, die schwierigste von allen. Auch sie wird meist auf Kandare geritten und die Dauer beträgt zwischen fünf und sechs Minuten. Hierbei werden von den Lektionen die anspruchs-vollsten Varianten gefordert.

Heißt, es soll nicht nur die Traversale gezeigt werden, sondern auch die Zickzack-Traversale und Traversalverschiebungen im Galopp. Zu zeigen sind außerdem unter anderem die Piaffe, die Passage, das Renvers, Galoppwechsel, Kehrtwendungen und die Pirouette. International unterscheidet man in den St. Georg, den Grand Prix und den Grand Prix Spezial.

Die Krönung der Dressur ist die Kür, auch Freistil-Dressur genannt. Es gilt die gleiche reiterliche Vorstellung der Lektionen, doch sollen diese passend zu einer Musik präsentiert werden. Es wird also eine richtige Choreografie erarbeitet. Welche Lektionen der Reiter wählt und in welcher Reihenfolge sie erfolgen, entscheidet der Reiter für sich und sein Pferd. Bei der Wahl der Musik ist von Klassik über Schlager bis Pop alles möglich.

Bewertet werden die Prüfungen auf einer Skala von Null bis Zehn. Null bedeutet nicht ausgeführt und 10 heißt, dass der Ritt ausgezeichnet war. Aber auch Zwischennoten, wie beispielsweise 7,8 oder 8,3, sind möglich. Dadurch geben die Richter eine Gewichtung der Note an. Die Gesamtnote setzt sich aus Einzelnoten von den Lektionen zusammen. Stürzt ein Reiter, so gibt es 2,0 Punkte Abzug. Ein Ritt unter 5,0 wird nicht mehr platziert.

Ab Klasse L richtet nicht nur ein Richter, sondern drei. Es gibt als Wertung dann keine Note, sondern eine Punktzahl.

Wie schon erwähnt, wird unabhängig von den unterschiedlichen Klassen in jeder Prüfung immer auf das Gesamtbild geachtet. Reiter und Pferd sollten harmonisch miteinander arbeiten. Dafür sind das Verständnis für die Natur des Pferdes, ein ausbalancierter Sitz und die korrekte Hilfengebung ausschlaggebend.

Herstellung und Verlag:

BoD – Books on Demand, Norderstedt

ISBN: 9783754331057

1. Auflage

Kontakt: Psiana eCom UG/ Berumer Str. 44/ 26844 Jemgum

Covergestaltung: Fenna Larsson

Coverfoto: depositphotos.com